JN408891

대책 없는 여자

도서출판 천우

시인의 말

태어났지
수원 법우로
살맛 나지
춤추고 있지
4박자로
염불송은 랩으로
정진은 춤으로
원을 그리며
펄펄 날고 있지
놀며 배우며
살려지고 있지
문사수법회에서
맛있는 밥을 먹고 있지
날마다 날마다

여여(如如) 법사님(문사수불교문화원 이사장)과 수정(秀淨) 법우님(박지영), 그리고 편집을 도와준 지원(智願) 법우님께 '대책 없는 여자' 가 감사드립니다.

2016년 11월

제1부

제2부

제3부

제4부

제5부

제1부

대책 없는 여자 1

“소망이 뭐 특별한가요. 하루 한 끼 먹고도 배고픈 줄 모르고요. 원고지 몇 자 채우고 감동 먹고 낄낄거리다 숟가락 붙잡고 젓가락 두드리며 동백아가씨 한 곡조 때리면 그만이고요.”

“별일이네요 세상은 저만치 가버리네요.”

대책 없는 여자 2

"독한 거리에서 독한 술 엎지르며 으름장 놓는 애물단지, 달달 떨고 있는 손짓으로 시시껄렁한 인연에 음표 한 개 달랑 그려놓고, 악쓰는 콩나물 대가리들 목소리 크면 우두머리냐, 카루소도 모르면서, 별 볼일 없다는 시늉으로 세상을 지휘하는 무아독종(無我獨種), 벌레 씹는 소리로 묵찌빠나 잘 할 걸, 인질에 걸린 감성, 붉은 눈시울로 독한 봄을 만나고요."

대책 없는 여자 3

“한 편의 시(詩)를 들고 그를 만났고요. 그는 감동 먹고 밥을 샀고요. 시(詩)가 밥이 되어 배부른 하루였고요. 근데요 마음이란 년이 붉으락 하네요. 시(詩) 팔어 끼니 채웠다고 지랄 맞은 심뽀. 맛있는 것 먹고 거기에 시(詩)가 샐샐거리는 걸로 그냥 신나고요.”

대책 없는 여자 4

"천장에서 물 떨어지고요. 한쪽 벽에 걸린 스피커에서 카라얀이 은발을 날리며 베토벤을 연주하고요. 그 가운데 누워 발장난을 치다 아래층, 위층에서 넘어 오는 명절 지짐이 냄새를 먹다가, 벌떡 일어나 하늘로 올라가더니, 보름달에 벌러덩 누워 구름 하나를 둘둘 말아 별빛으로 불을 지피고는, 눈물을 질질 흘리고요. 떨어진 눈물은 넘쳐 은하수 철도를 잡았고요. 그걸 타고 기차놀이를 하고요."

"명절에 그년이 하는 짓거리이고요. 배고픈 열정의 삶은, 손 떨림에 고리를 만들어 담배종이에 그림을 그렸던 화가 이중섭보다는 부티 나 뱃살에 기름이 덕지덕지, 동동주를 마시다 동동 춤을 추다 야단칠 수 없는 세상인심에 동동주를 쏟아 붓는 짓을 하고요."

대책 없는 여자 5

"12간지 맛을 본 그녀은 삶의 절대 화음을 마음에 묻고, 소홀히 보낸 어느 시간에 대한 위로로 맨발의 콘서트를 벌이고요."

"살아 있는 인간 하나하나가 경전이고요. 싸우고 지지고 볶고 그러다 깨우치고요.

잠자듯 입 다물면 참선이고요. 세포에 붙어 있는 귀신 떼어 버리는 것이 무소유이고요. 오늘 한 세포 죽였고요. 수행 시작이고요."

자 · 축 · 인 · 묘 · 진 · 사 · 오 · 미 · 신 · 유 · 술 · 해

대책 없는 여자 6

“제과점에 널려 있는 노란 풍선 2개를 양쪽 어깨에 달고, 날아보려고 두 팔을 흔들고요.”

“차들이 빵빵 냅다 소리 지르는 시청 한복판에서 동해물과 백두산이를 부르며 날아보려고 두 다리를 흔들고요.”

“신 김치에 찬밥 한 덩이를 넣고 푸욱 끓여 한 냄비 먹고 날자니 트림에 비위가 상했는지 하늘이 노랗게 화가 났고요.”

“맞서라, 저질러라, 날마다 구호를 외치며 삿대질을 해도 사고뭉치 감성은 초벌구이가 생략된 날림 도자기로 세상을 버티고요.”

대책 없는 여자 7

“침울한 나의 서정은, 빌라를 지나 아파트를 지나 다가구 주택을 지나 동네 슈퍼를 지나, 이곳에 쓰레기를 버리면 적발 시 벌금 100만 원을 지나 바지락 칼국수 집을 지나 옛날 자장면 집을 지나 댕기머리 미장원을 지나 김 내과를 지나 유림 약국을 지나 애견사랑을 지나 박스 실은 노인 리어카를 지나 아름다운 세탁소를 지나 전세 월세 매매 땅 지금 바로 투자 공인중개소를 지나면 그 구멍에서 낯설은 사람이 나오고요. 하늘도 보이지 않는 건물 사이를 기어 다니고요.”

“피리를 불며 전생의 인디언 아버지를 찾고 싶고요.”

대책 없는 여자 8

“경동시장을 뒤져 네덜란드산 해바라기 씨를 짊어지고 왔고요. 밥에도 듬뿍 나물에도 듬뿍, 맛있게, 행복하게 날이면 날마다 TV를 보면서도 음악을 들으면서도 입안 가득히 집어넣고요. 싱거운 듯해도 깊은 맛이 풍기는 아메리카 원두커피를 마실 때도 밥숟갈로 퍼 넣었고요. 밤엔 품고도 자고요.”

“낮엔 노란 모자를 쓰고 노란 치마를 입고 노란 샌들을 신고 해바라기 씨를 먹으면서 쏘다니고요. 헌데 야만적이고 조잡한 명예심이 졸졸 따라다니고요.”

“한 자루가 바닥이 났을 때 웃음을 흘리며 거울을 봤지요. 거기엔 고흐는 없고요 튀어나온 눈알과 깍짓동처럼 몸이 불은 여자가 거기 있고요.”

ps : 그녀의 야밤 개그
유령 코미디 — 고흐를 곁눈질한 죄

대책 없는 여자 9

"연말 연기대상 시상식이 진행 중이고요. 이쁜 것들 꽃다발 사이로 젖가슴이 힐끗힐끗 보이고요. 잘생긴 놈들 구두코가 건방지게 빛나고요. 상 주고 상 받고 축하 인사말 대본에 충실하고요. 박수 속에서 박수치는 엑스트라들의 씁쓸한 눈초리들. 안약

이 필요한 유명 속에 무명의 눈동자. 그 눈 속에 내가 있고요. 세련된 팔자 덕에 방바닥에 퍼질러 앉아 고추장 비빔밥을 퍼먹고요. 화로 땜질한 심장을 다시 화로 채우기 위해 매운 것을 먹고요. 새해는 작년이나 그 전년이나 내년이나 변함없는 일편단심의 그년이 될 것이고요. 대접받지 못하는 감성은 점점 게을러져 진흙으로 빠져, 영원히 세상을 탁발하지 못할 것 같고요. 비어 있는 발우 엎어 놓고 북 판이나 벌여야 할 것 같고요."

"세상과의 황금비율은요????????…???????…"

대책 없는 여자 10

“하루살이에도 철학과 정서가 있다면 유치한 개그가 되겠고요, 슬픔에도 미움과 예쁨이 동시에 존재한다면 노가리이고요, 아픔까지 사랑한다는 말은 아첨이고요, 미치도록 죽고 싶다는 말은 미치도록 사랑하고 싶다는 내숭이고요, ‘바람과 함께 사라지다’의 스칼렛 오하라처럼 차려입고 인사동을 싸질러 다니다, 울릉도 엿장사의 엿가락 장단에 빠져 미친 듯 흔들다 서양 년인지 섬 처녀인지 분장이 서툴러 웃음거리 되고요. 집으로 와서는, 유시 비욜링의 ‘귀에 남은 그대 음성’을 들으며, 가슴을 촉촉이 적시며, 나만의 낭만과 흔들의자에 앉아 흔들거리며 흐앙흐앙 울다 케냐 커피를 영화배우처럼 마시고요.”

“그러다 케냐 농장에서 커피를 따는 불쌍한 원주민에게 뺨을 맞고 울었고요.”

대책 없는 여자 11

"너덜너덜해진 일기장을 팔려고 돌아다니고요. 하늘은 파랗고요. 봄으로 팔려가는 산세베리아, 페페로니아, 아이비, 셀램 서양 것들 무진장이고요. 과꽃, 채송화, 분꽃은 보이질 않고요. 초록색 군단 옆에서 떡볶이를 먹으면서 좌판을 벌이려고 눈치를 보던, ……/ 포장 속의 점쟁이 — 천직이 글장이여 배고파 죽어도 배불러 죽었다고 댓글 올라오고— 돌팔이 딱 돈 받은 만큼만 희망을 주고요. — 사주에 금은 넘치나 물이 없어 빨강을 먹고 바르고 입고 혀 — 불귀신이 물귀신 잡아먹는 소리고요.

황금으로 클림트는 세계를 잡아먹었고요. 난 떡볶이로 빨강 세상 잡아먹고요. 밤새 안녕치 못한 일기장 팔지도 못하고 구설수로 흐드러진 개나리꽃을 모두 핏빛으로 유전자 변형시키고요."

대책 없는 여자 12

"어떤 이는 습관적이라고, 혹은 멋으로, 모두가 보이는 만큼만 말을 하고요. 겨울은 별 문제가, 가을은 집시치마와 접속이 원만하고요. 봄은 꽃샘바람과 사이좋게 어울리고요. 여름이 문제고요. 요즈음은 전철이나 버스가 냉방이 빵빵해 그럴싸한 핑계도 되고요. 30도가 넘는 폭염 속에서 모자 쓰고요. 긴 머리 팔랑거리고요. 긴 치마 펄렁이고요. 팔 드러내기 싫어 긴 소매 주접떨고요. 근데 거기다 길지도 않는 목에 목도리를 매고요. 모딜리아니의 여인이 얼마나 부럽겠는가. 더 웃기는 건 잘 때도 목을 싸고 잔다는 것이고요.

코 풀고, 재채기 모양새 빠지게 스타일 꾸기는 짓을 아무렇지도 않게 하는 당당함도 실은 위장. 목까지 괴롭히는 잘생긴 코가 일기를 쓰고요.

그래 맞아. 차가운 심장이 목까지 기어 올라가 기어이 외롭다는 걸, 목도리로 감추며 살고 있는 거야."

대책 없는 여자 13

“바위를 뚫고 나와 세상의 떡밥을 노래로 나누어 주는 목소리, 절규 가득한 쉿소리 음(音)들이 가마솥 넘치게 흘러, 묵직한 호소력으로 사람들을 과거로 보냈다 눈물의 기억을 찾게 만드는 가창력, 험상궂은 들꽃, 엉겅퀴—그 아름다운 색깔의 시련을 노래로 버무려, 인간사의 부대낌을 감동의 노래로 승화시켜주는 뮤지션, ‘나는 가수다’란 텔레비전 프로 시간에 많은 사람들을 화면 앞에 모이게 한 가수, 온갖 근심을 쏟아버려 주는 해우소 같은 가수, 세상의 힐링 도우미로 당첨! ‘고해’를 들으며 내 심장을 잘라 택배로 보내고요.”

“보름달 시인은 개똥 같은 자존심에서 빠져나와 자존감으로 똥품을 싸고 있고요.”

대책 없는 여자 14

“둥근 달이 떴고요.

달을 퍼다 송편을 빚을까요? 사랑을, 혹은 시(詩)를 빚을까요? 배를 채울까요?

배고픈 것도 참을 수 있고요. 마음이 빈 것도 참을 수 있고요. 빈 원고지는 절망이라 말하고요. 밥 때문에 산다면 시(詩)가 비웃을 것 같고요.”

“솔직히 시인(詩人)이라고 고상하게 말하고 싶지만, 가난에 약 올라 버짐이 얼굴을 덮고 있어 돈을 쟁반만큼만 빚어야 할 것 같고요. 달님께 손바닥이 해지도록 빌면서 욕심을 내고 싶지만 진짜 속마음은 당신 닮은 빛으로 동네를 밝히는 시어(詩語)를 달라 싶고요.”

대책 없는 여자 15

"스무 살에는 들에서 춤추고요. 서른 살에는 마당에서 춤추고요. 마흔 살에는 마루에서 춤을 추고요. 쉰 살에는 쉰내 나는 방에서 춤추고요."

"삶의 외투만 건드리고 나온 음(音)들은 팔자타령하다 나온 거짓 악보고요. 묶인 사지만 풀 수 있다면 그 이상 소원이 없다는 듯이 둥글게 둥글게 추고요, 세상의 나이와 꿈의 나이도 구분 못하는 춤을 추며 살았고요."

"지금은요 채송화처럼 기억에서 멀어진 꽃으로, 속 빈 박을 두드리며 뒤풀이 춤을 추고 있고요."

대책 없는 여자 16

"마을버스를 탔고요. 윤도현의 노래가 흐르고요.
내겐 소중한 너
내겐 행복한 너
란 노랫말이 가슴을 찌르더니 눈물이 줄줄 흐르고요. 어젠 지하철에서 할머니가 100원만 하는데 손끝이 저리더니 눈물이 줄줄 흐르고요. 환승하려고 버스를 기다리는데 어떤 아줌마가 나를 밀치고 버스 계단을 올라가는데 눈물이 줄줄 흐르고요. 나이듦은 몸만 아픈 게 아니라 마음도 덩달아 아픈 게 헤픈 것 같고요. 한숨과 회한이 버물려 밤새 가슴에 바위 하나 박아놓고, 출근 준비하느라 거울을 보니 거기엔 이티 얼굴이 있고요. 퉁퉁 부은 윗입술 언저리랑 빰은 알사탕을 박아 놓았는지 자신만만한 코는 납작해 보이고요. 인생 뭐 별거 있나요. 이대로 미친 척하고 밥벌이 나가고요. 세월 이기는 장사 없데요."

제2부

대책 없는 여자 17

“봄이 앓고 있는지 내가 앓고 있는지 나를 가두고 있는 건 사실이고요. 시끄럽게 오기 끈기로 덤비는 삶의 현장이 지겹고요. 열정을 품고 사회에서 견디기엔 너무 버겁고요. 가장임에도 불구하고, 틈만 생기면 도망갈 궁리만 하고요. 무턱대고 밀어붙이는 용기도 궁상맞은 감성 때문에 고통을 호소하고요. 아파트 건물 틈새에서 날 봐 하듯 피어 있는 민들레만도 못한 내가 지금 살겠다고 하는 짓거리인지 죽겠다고 하는 짓거리인지 답이 없고요. 퇴근 후 잔뜩 성이 난 다리를 끌고 집으로 도망치듯 오면 CD로 만난 차이코프스키가 몇 달째 비창으로 돌고요. 차라리 내가 돌고 싶고요.”

“부처님 탄생일 날. 벌거벗은 부처를 씻기면서 나를 정화시키고 싶은 마음이 간절하고요. 무엇을 어떻게 해달라고 빌고 싶지는 않고요. 어쩜 그것도 다 부질없는 짓 순정의 내일은 또다시 찾아올 것이고요.”

대책 없는 여자 18

"노래 따라 부르다, 몸 굴리다 뺨의 뾰루지 건드리다. 손이 안 닿는 등까지 긁다가 부스럼 만들고요. 손가락 힘을 모아 가려움이 번지는 곳마다 긁고요. 빨간 선의 거미집이 어지러울 때쯤, 피멍이 든 마음을 달래기 위하여 커피를 마시고요. 커피는 쉼표이고요."

"눈 먼 세월에 눈 먼 항거가 끝난 한밤중에 달도 별도 한심한 시간 견디다 달아났고요. 브람스의 음악과 블루마운틴 커피와, 반항을 잘 섞은 쉼표로 아침을 만나고요."

대책 없는 여자 19

“한 움큼의 의지로 두 주먹의 자존심을 지키고요. 한 컵의 책임감으로 한 뼘의 하루를 지키고요. 한 스푼의 야망이 비웃으면 커피 한 잔의 감성이 웃고요.”

“천신만고의 카리스마가 한 줌의 쌀로 인생을 배부르게 했다는 악플이 떴고요.”

대책 없는 여자 20

"겨울에 빛나는 새벽달을 등에 지니고 다니다, 목에서 새 울음소리가 흘러나오고요. 햇볕을 쬐듯이 음악을 쬐고요. 그 음(音)들은 존재로 버티고 있는 외로움을 분산시키려 애쓰고요. 형태도 없는 것이 명줄처럼 질기고요. 마음 깊숙이 트라우마로 박혀도 반인 것 같고요. 낯가림이 심한 탓이야 변명도 가끔 하지만 그건 옹졸한 입질이고요. 홀로 사는 즐거움을 흉내 내는 것도 아니고요. 그냥 편안함을 무기로 인정하는 것 같고요. 가끔 방구석에서 꽹과리 두드리며 미쳐 날뛰는 재미도 쏠쏠하고요."

대책 없는 여자 21

"혼자 놀다 죽은 건지 살은 건지 삶의 은총인 감성을 건드려보니 그것마저 소갈머리 없이 죽은 듯이 엎어져 있고요. 까칠한 년 뾰족구두로 아스팔트 밟는 소리처럼 떨어지는 빗물을 가락 삼아 연필 굴리다, 천장에 얼룩진 빗물 무늬를 절간의 빗살 무늬처럼 포장하려는 비굴함에 원고지 찢어버리고, 마음 밑바닥까지 쥐어짜니 가난함의 교활한 병 무력감이 비웃고요. 목적이 없으니 계획도 없고요. 희망이 없으니 절망도 없고요. 한 끼만 채워도 위장은 황송한 듯 살살 쓰다듬어 달라고 엄살을 부리고요. 지붕 새는 집에서 살고 있는 게 뭐 그리 재미있는 사건이라고, 글로 소문을 내고요."

대책 없는 여자 22

"그는 늘 자기 안에서 도전하는 언어를 습관처럼 즐겨 문자화시키고, 중얼거리며 들릴 듯 말 듯 트림하는 시련의 문장들, 누추한 동네 공원 벤치에 걸터앉아 이미 없어진 시간 속에서 또 다른 시간을 응시하며, 반응 없는 나와 꿈틀거리듯 대화하고, 느릿함에 대한 존재 가치를 철학적인 용어를 빌리지 않고도, 세상의 인심을 무시하듯 자기만의 작위를 부여하고, 그 작위 속에서 우울한 쾌거를 누리다, 어슬렁거리다 산책길에서 뱉어낸 가래침 속에는 비타협적인 상상이 붙어 있고, 자기만의 놀이에 싫증이 없는 사색가인지, 현실의 수다를 삭제해버린 그의 일인칭 소설은 언제나 대박!"

"그의 소설을 읽는 건 고문이라고 말한 어느 독자는 책을 덮고, 어떠한 형태의 고문에도 친하게 놀고 있는 보름달 시인은 친구로 '에곤 쉴레' 와 '라디오 헤드' 도 함께 놀고요."

대책 없는 여자 23

“오르가즘을 일으키는 모차르트의 교향곡 41번을 즐겨 듣고, 마흔 살이 되던 날 자신에게 해준 것이 없어, 귀 뚫어 귀걸이를 달아 주었고, 해마다 생일이 되면 자신의 몸뚱이를 위해 선물을 한 가지씩 준비하고, 장송행진곡을 틀어놓고 박스에 누워 죽어 있는 연습을 해보았다며 낄낄거리고, 시체놀이가 할 만하다고 헤헤거리는 그녀가 막걸리 5병째가 새빨간 입술을 통과하자, ‘니들이 사랑을 알아’ 쌜쭉거리더니 성산포 바다 시인 이생진 시인을 껴안고, 나보다도 더 대책 없는 그 여자, 섹시한 목소리로 사랑하는 노시인의 시를 낭송하고요.”

대책 없는 여자 24

"배고픈 보름달을 토해내기로 했고요. 내장 깊숙이 박혀 있는 눈곱만한 찌꺼기까지 손톱으로 긁어내고요. 하루살이만한 별들이 눈앞에서 무더기로 번쩍해도 토해내고요. 과거로부터 도망치려다 흐물흐물해진 팔다리에 혁명을 일으키고요. 갉아먹는 좀벌레 같은 눈물샘까지 땅속에 처박았고요. 게워내고, 비워내고, 그런 다음에 태양을 퍼먹기로 했고요."

대책 없는 여자 25

“잔인한 세상에 도전하다 매 맞고 거리에 버려졌고요. 빌딩 꼭대기에서 엿보던 햇살이 눈동자를 덮치자 기대 없는 눈물이 심장에 고이고요. 부처님도 눈물 공양은 사절, 존재감만이라도 큰 힘이 된다는 종교는 거짓말이고요. 산다는 건 신용불량이고요. 음(音)만 먹고 살아요. 웃기는 머저리. 산 너머 남촌 사는 바람 귀신들 뭐 하나 머저리 요기나 하지. 스스로 올가미에 걸려든 감성 노숙자. 게으른 몸짓 날밤 먹고 헐레벌떡이고요.”

대책 없는 여자 26

“비 온 뒤 아주 화창한 11월 일요일 오후. 게으름으로 뭉그적거리다 북한산이 무너지는 소리를 들었고요. 어떤 이가 등산복을 처음 입고, 간부 산악 등반길에서 두 손에 승진의 기쁨을 쥐고, 정상에서 사랑하는 이의 이름을 부르기로 한 약속을 하고 말았다고요. 사랑의 힘에 산이 누워버렸고요.”

“실밥이 너덜너덜한 츄리닝을 입고요. 커피를 홀짝홀짝 마시며, 집안을 흔들며 다니다 북한산의 사건을 듣고 푸하하하, 건강한 연놈들 단풍처럼 챙겨입고, 산비탈을 오르며 산과 연애질하고 있는 모습에 쌜쭉거리며, 강산에와 놀고 있고요. 춤추는 나를 흥얼거리며 누구라도 이런 맛을 느낄 수 없고요. 부스스한 춤을 출 수 있는 휴일과 놀고요.”

“출근 안 하는 일요일 그냥 신나고요. 돈 버는 일 너무 재미없고요. 숨 막히는 지하철을 타는 내내 죽었다 일요일 살아나고요.”

대책 없는 여자 27

"목욕탕에 왔고요. 들락날락 몇 번 놀다가, 초록색 타올로 빡빡 문질렀고요.

맨살은 화가 났는지 붉은 콩이 쑥쑥 자라 피멍이 들었고요. 혈소판 수치 바닥.

당신은 점잖이 밖에서 원인을 찾지 말고, 안에서 찾으라고 했던가요. 아무래도

속을 해부해야 할 것 같고요. 마음을 꺼내 버리면 좀비 될까? 외로운 공포감."

"아둔한 아집. 지휘봉을 무시하고 아직도 집착의 블랙홀에 빠져 있고요.

알아차림은 천불이 나고요. 이렇게 화녀(火女)가 되고요."

대책 없는 여자 28

“그럴 리가 없어, 근데 그럴 리가 생겨 실성한 입술 덜덜거리고요. 왕 싸가지 사랑으로 팔다리는 제 갈 길을 잃어 휘청거리다, 가로등을 껴안고 흐느껴 울다, 그 눈물 속에서 사랑을 만나는 저당 잡힌 배반의식. 혹시나 미련에 모가지를 빼고 있는 모습이 뭉크의 사춘기* 복사본 같아 가슴을 두들겨 패니 화는 화만 부를 뿐이고요. 하루에도 몇 번의 장례를 치르는 속 지랄에 심장은 썩고요. 이해하고, 참고 19년을 버티다 서류에 도장을 찍은, 후배의 상처 속에서 과거의 어머니를 만났고요. 이미 떠난 그럴 리가 지겨워 아미타부처님과 관세음보살과 곡차를 마시고요. 미친병으로 진단 내린 마음자리 극락왕생하기를 빌고요.”

“선재동자님 어디 계셔요?”

* 사춘기 : 화가 에드바르 뭉크(1863~1944)의 작품으로 벌거벗은 채 침대 가장자리에 앉아 있는 소녀를 그렸다. 긴장한 표정으로 정면을 응시하는 소녀의 모습에서 불안한 분위기가 감도는 그림이다.

대책 없는 여자 29

"미친 듯 더운 여름에 웅크리는 게으름으로 뭉그적거리다, TV에 나는 가수다 프로에서 '내게로 돌아와' 라는 노래를 미친 듯 부르는 윤도현의 열정에 이끌려 기타 치는 시늉을 미친 듯 저지르다, 록커 냄새가 나길래 온 집안을 헤집고 다니다, 돌아올 사람이 없다는 걸 알고 미친 듯 푸념하다, 고스톱도 못 친다는 핀잔에 미친 듯 쓸쓸하다, 화투짝을 방 안에 펼쳐놓고 그림 공부를 시작했고요, 우산 쓰고 있는 비광 남자를 만났고요."

대책 없는 여자 30

“옥탑방 전깃줄에 걸려 있던 꽃무늬 원피스가 나풀거리고요. 그리움으로 날다 독한 빗줄기에 맞아 널브러져 있고요. 찢어진 소매 한쪽이 어디론가 가버렸고요, 태풍 때문이라고 핑계를 대고요, 아름다운 사랑일수록 이별이 따른다는 소설 같은 넋두리는 긴장감이 떨어지고요, 보석상자로 간직하고 싶다는 말도 장사치 같고요. 품위를 지키던 그리움은 장희빈을 만나 금세 물들어 맞아 맞아 박수를 치고요. 사랑은 움직이는 거야. 종을 달아 놓을 걸. 기다림이란 의미에, 코끼리 달린 인도산 종을 달아 놓고요, 날마다 바람이고요. 소리는 기막힌 음역으로 산(山)을 몇 번 넘어서라도 소매 한쪽을 찾아올 거라네요.”

대책 없는 여자 31

"술은 빈속에 마셔야 제맛이 나고요, 시인은 시인에게 사랑받는 이생진 시인이야말로 시인의 맛이 나고요, 삶을 비트는 족속은 힙합을 성냥불 당기듯 불러야 제맛이 나고요, 얌전히 걷다가도 마이클 잭슨 노래가 흐르면 발바닥은 높은음자리표, 손바닥은 꽹과리 치듯 박수를 치다가, 길가에 우두커니 앉아 있는 목각 부처를 만나 합장하며 제 감성을 도둑으로부터 지켜달라고 아부하는 인사동 건달이고요. 이름만 인사동이지 시장통 속이 되어 뚱딴지 같은 소리만 휘청휘청, 옛것이 망가져가는 소리가 비명이 되어 작은 몸뚱이 힘없는 백성이 되어, 전북지업사 골목을 끼고 숨차듯 달려가고요. 시를 사랑하는 사람들이 헤헤 웃으며 기다리는 곳에서 술과 함께 놀려고요."

대책 없는 여자 32

"울다 멍 때리다 고꾸라지다 자빠지다 반쯤 일으킨 몸으로 김빠진 맥주를 마시다, 목구멍에 걸린 머리카락을 잡아끌자 지겨운 삶이 따라 나오고, 비 온다던 일기예보 비웃듯 하늘은 맑게 빛을 뿌리며 비장한 게으름을 죽이고, 일요일 하는 일이란 게 친절한 벗 외로움이랑 무릎 맞대고, 차이코프스키나 들먹이고, 무엇과도 바꿀 수 없는 존재가 되려면 파렴치한 변신을 서둘러야 된다고, 얄미운 상관이 얄팍한 주둥이에 스피커를 달고 집구석까지 따라와 들먹거리고, 어쩌나 요술도 부릴 수 없는 마음이란 걸, 지구에서 살 수 없는 년 지구를 떠나라."

제3부

대책 없는 여자 33

"병풍 뒤에서 향내를 맡고 있고요, 좋아하는 꽃무늬 집시치마에 하얀 블라우스를 입고요, 빡빡 밀은 머리통엔 환타색 모자를 씌우고요, 맨발이고요, 뭉크 사진과 차이코프스키, 도스토예프스키 사진도 함께 넣고요, 쓰던 연필과 지우개를 필히 챙기고요, 방금 내린 커피를 한 잔 뿌리고요, 알고 있는 모든 인연의 이름을 쭉 써 놓은 걸 한번씩 읽으라고 했고요, 감사하다는 말도 꼭 함께하고요, 음악은 좀 더 고민을 해야 될 것 같고요, 화장한 다음 석모도 붉은 노을이 슬쩍 나타날 때 뿌려달라고요, 이 세상을 떠날 때 준비를 요렇게 하려고요."

대책 없는 여자 34

"폐쇄적인 공간, 중저음의 나른한 목소리 톰 요크. 전자음은 동굴 속에서 박쥐들이 춤을 추듯이 흐르고, 우울함이 멜로디로 살아나서 몽환적인 감수성을 불러들이고, 음침하고, 으스스한 라디오 헤드의 음악*은 근심. 영화 '그을린 사랑'에 삽입된 그들의 음악은, 광기의 역사가, 개인을 잔인하게 파괴하는 길 따라 처절하게 사로잡으며, 극장 문을 나섰는데도 보는 동안 화면 정지하고픈 영상들이 마음을 아프게 하는 불편한 영화. 허나 영화도 음악도 암울함 속에서도 절망으로 끝내지 않고, 기억 속에서 벗어날 수 있는 세월로 처방."

"영화 한 편으로 전신마취 시키는 삶의 지루함에서 깨어나고요."

* 라디오 헤드의 음악 : 'You and whose Army', 'Like Spinning Plates'.

대책 없는 여자 35

"영화 '도가니'를 보았고요, 화면 따라다니기가 너무 부끄러워 눈 감고 귀 막고 싶었고요, 무서운 말이 튀어나올 것 같아 입을 틀어막는 동안 가슴뼈가 한 조각씩 떨어져나가 유령이 되어 세상을 향해 돌팔매질을 하고 있고요, 내 슬픔은 사치였고요, 그 아이들은 그 어떤 방법으로도 치유될 수 없는 상처의 문신으로 두려움에 빠져 있었고요, 법을 만든 사람이나 법을 실행하는 사람들이 모두가 작당하여 진실을 묻어 버렸고요, 학연의 인연은 악을 이어주는 실타래가 되어 어린 싹의 장애인을 묶어 버렸고요, 그 아이들을 어찌해야 합니까, 하늘은 눈감고 있었고요, 도덕 시간에 뭘 배우고 양심이란 단어는 버리고 살았나보고요, 법이 법을 죄지었을 때는 누가 난도질을 해야 하는 건가요, 내내 가슴앓이하더니 머리 위쪽에 동산 같은 봉우리가 생기더니 홧병이라 하고요, 그 아이들을 꼭 안아주고 싶고요."

대책 없는 여자 36

“목요일. 오전 8시 30분 교대역. 나흘치 피곤한 몸으로 3호선을 타고 내린 샐러리맨들이 2호선으로 환승하는 한 무더기에서 빠져나와, 자판기에서 커피를 뽑아, 달려가는 그들 속에 있는 나를 못 본 척 건방진 여유로, 이어폰에서 흐르는 라디오 헤드의 음산한 음악을 들으며 마시고요. 나의 종착역 선릉역 커피보다 교대역 커피는 마음의 온도와 궁합이 잘 맞는 온도와 향기가 있어 순간 행복이 살짝 오만해지고요. 보이는 공중전화에 숫자를 누르자.

— 스마트폰 죽었어요?

— 아니 그냥 재미있으라고

나의 직장 생활의 아침은 이렇게 시작하고요.”

대책 없는 여자 37

"사치스런 귀를 어쩔거나, 자를거나, 인생에 도움 안 되는 마음 들썩거림은 또 어쩔거나, 단 한 명의 토지상담도, 결과 없는 무실적 10개월, 지겨워! 스마트폰 뒤적이다 카카오스토리 퀼트 김 선생님 베토벤 바이올린 협주곡 D장조 op.61를 '너도 슬프냐 나도 슬프다' 란 기분으로 듣고 있다는 글을 읽다, 아아 집에 가고 싶어, 커튼 치고 랭보가 즐겨 마셨다는 에디오피아 모카하라를 한 대접 마시며, 은발의 남자 카라얀의 지휘로 차이코프스키 바이올린 협주곡 D장조 op.35를 들으며, 어깨를 들썩이며 울다, 랭보의 시—구멍 난 주머니에 손을 찌른 채 나는 떠났노라—를 낭송하며 미친 척하다 혼자 재밌어 하다, 모 기관에 '실종된 직업관' 을 찾아 달라고 투서를 보내야 될 것 같고."

대책 없는 여자 38

"맞선을 보러 가고요. 공신력 있는 정보에서 추천했고요. 헌데 경쟁자가 관광버스에서 수군수군 모두 이~뻐. 간택을 꿈꾸며, 마음 좋은 손으로 나누어주는 찰밥을 찰떡궁합 의미로 먹고요, 비 내리는 도로를 달리는 바퀴처럼 조심스럽고, 긴장되는 만남. 설렘. 반나절을 달리던 버스가 목포를 지나 비가 사선을 긋듯이 내리치는 숲속에 멈추었고요. 빗줄기 리듬은 잎사귀마다 음표를 그리고, 웅장하면서도 정겨운 돌담의 요사채. 그 돌담 사이에서 뻗어나간 풀들이 풍경 좋은 염불을 하고요. 달마산 병풍으로 둘러싼 대웅보전. 해남 땅끝 마을 아름다운 절 미황사 부처님에게 사랑을 고백합니다. 눈 맞춤에 눈 시리게 떨다 엎어지고요. 대단한 걸 보여주고 싶어 비바람에 떨어진 동백꽃을 온몸에 붙이고 춤을 추고요. 서울에서 끌고 온 짐 덩어리 벗어던지고, 맨발로 자타일시성불도 춤을 추고요."

대책 없는 여자 39

"볼륨 25로 마이클 잭슨 스릴러를 들으며 발바닥을 휘날리고요, 커튼 치고 한기로 괴롭히는 몸뚱이 막춤으로 체온 39도로 마악 올라가는데, 현관 벨 딩동댕 바로 볼륨 죽이고, 엎드려 헉헉거리다 커피 한 사발 마시고, 카스 기웃거리다 또 다른 친구도 볼륨 25로 이 방 저 방 울랄라, 울랄라 요기다 손가락 춤추듯 댓글 올리고요, 몸속에서 돌고 있는 한기, 큰집 짓고 있나 보고요, 돌라는 건 안 돌고 찬바람에 긴장하는 몸, 살살 꾀부리고요. 촉(觸)을 버릴거나, 색(色)을 버릴거나, 그렇지 아예 통째로 집(集)을 버리면 한기가 빠질지도 모르고요."

"몸살은 몸속에서 허무가 놀면서 만든 악보이고요."

대책 없는 여자 40

“비 오듯 마음도 사선 긋기를 하고요. 휘몰아치는 한낮의 결투를 록 음악으로 죽이고요. 보름은 히죽거리다 보름은 미쳐 날뛰는 세상을 바람몰이로 죽이고요. 나를 창조시키는 원고지는 진즉에 죽었고요. 책 중독 머리말에 책들 질식하기 일보 직전이고요. 눈물 속에 빠진 벗에게 가을 햇살을 던져준 이에게 사랑의 이모티콘 33개 보내고요. 좌선하듯 내리는 가을비에 칼자국뿐인 마음을 앉혀놓고 이 몸은 업(業)이 아닌 UP으로 가고 싶고요.”

대책 없는 여자 41

"도둑이랑 한패가 되고 싶지만요, 손놀림도 느리고요, 거북이걸음에, 간은 콩알, 자주 틀리는 박자, 멍 때리기 고수이고요, 바로 오디션에서 뚝 떨어졌고요."

"저는 보살이고 싶고요, 황량한 존재의 아픔을 법(法)으로 나부끼는 바람이고 싶고요, 시인의 오해로 반죽하고 있는 세상의 이야기를 개그로 버무려 웃겨주고 싶고요, 손바닥으로 하늘을 가리는 욕심을 버리고 싶고요, 이것저것 삿대질하며 싸움질하는 판을 어깨동무로 가고 싶고요, 혼자 북 치고 장구 치는 게 아니라 함께 놀이마당 펼치고 싶고요."

대책 없는 여자 42

"융통성 없는 영업, 상대편 마음 헤아리다 빠져나간 고객, 능력 직원 틈에 끼어서 어슬렁거리는 몸짓. 피에로의 얼굴이 보이고요. 짙은 화장, 뻔뻔스런 무기로 이 회사 저 회사 떠돌며 월급만 챙기는 족속의 굽 높은 구두 소리. 강남을 유치하게 만들고요, 그들과 차별화 시키고 싶은 개념의 직장인이 되고 싶어, 실적 없어도 한 직장에서 버티고요. 계약이 인격이라는 슬픈 구호를 담담하게 외치는 보름달 시인은 씩씩해졌고요. 영업이 기업의 꽃이라네요, 부동산 일은 바위에 물주며 꽃피우는 일이고요. 나에게 없는 것만 들춰내는 상사는, 오기 끈기는 기본이라네요."

"등 뒤로 뒤로 자꾸만 꼬불쳐 놓는 감성."

대책 없는 여자 43

"피 흘리지 않고 옹골차게 자리 잡은 염증, 보이지 않는 통증, 비명 없이 흐느끼는 건 교양처럼 보이나 실은 오랫동안 굶은 탓이고, 진즉에 대책 있는 여자로 유세를 벌일걸, 제대로 미치지도 못하고 보름달 시인, 주최 측의 농간으로 땅콩처럼 굴러가다, 적립된 무능 속에서 가스 끊기고, 무시기 제법무아라고 떠벌리고, 배고픈 보름달 무시기 낭만이라고 멋스러운 줄 알고, 이슬만 먹고 살아요 지가 무슨 나비인가? 한 꺼풀만 뒤집어 봐도 알 수 있는 인심 사나운 인연이고, 미제 비닐하우스에 처박혀 있는 자존심, 물벼락에 떠내려가지도 않고, 질긴 세상이 말하길."

— 다리 한 짝 주면 안 잡아먹지

대책 없는 여자 44

"비좁은, 어설픈 순풍갤러리에 시(詩)를 사랑하고, 이생진 시인을 좋아한다는 이유 하나로 모여, 옹기종기, 웃음을 짝짝 벌리고, 시(詩)는 마음 가는 대로 쓰면 되는 거야, 막걸리 한 사발에 침이 튕겨 술렁술렁. 그리운 성산포 바닷가 시어들이 북채에 실려 둥둥 둥둥. 성산포로 배를 띄울거나, 인사동 갈매기를 날릴거나, 노닥거림은 세상을 뒷골목으로 보내버리고, 몽마르뜨도 부럽지 않은 문학의 놀이터 순풍갤러리. 시(詩)와 음악, 훈훈한 모임에 걸터앉아, 고흐의 압생트 한 병을 스마트폰에 담아놓고는 잘난 척 헤헤거리며 술 취한 척 애교를 떨면 집 없는 보름달 시인도 요기서는 대책 있는 여자로 살려지네요."

대책 없는 여자 45

"갈라터진 발뒤꿈치에 올리브 처바르고, 휑한 가슴에 삶은 계란 두 개 죽염에 처발라 붙이고요. 골골하며 골 때리는 자작나무숲 같은 머리에 빨간 모자 씌우고요. 연골 닳아 삐거덕거리는 무릎엔 전철 상인의 입담에 홀까닥 넘어가 샀다며, 선물 받은 보호대 무장하고요. 자 인제는 떠나 볼까요. 웅변하듯 구호 외치며 출근길 2호선 타러 가고요."

"나의 카페 교대역 자판기 커피는 물론 마셔야 하고요. 400원짜리 보약이고요."

대책 없는 여자 46

“목 하루 하늘 보게 했다고 목구멍에 노른자만한 구슬 걸려 침도 삼킬 수 없고요. 씩씩한 아줌마인 척 김장 60포기 양념 버무려주고, 팔다리 각자 놀더니, 칼날이 온몸을 벌러덩 자빠뜨리고요. 추임새 신음에 내숭 떨던 대금 연주 배경화면에서 밀려나 아쟁 산조로 바뀌고요, 어쩔거나 바지런한 세상과 담판 지으려다 발품 파는 몸빼 바지에 모딜리아니의 ‘빨간 머리의 여인’ 흔적이 보이고요. 살겠다고 적립한 적도 없는데 왜 친절한 쿠폰은 무한 리필인지. 뜨거운 생강차 대신 항생제 털어 넣고요. 누군가는 손가락 빨더라도 재미있게 빨라 했는데 깨물어 먹다 염증에 시달리고, 그릇된 겸손함 버리고 단순무식하게 살면 삶의 염증은 터질라나.”

대책 없는 여자 47

"눈물 찔끔찔끔, 오줌 찔끔찔끔, 키득거리다, 인연의 엉터리 관계에 비방거리다, 고무풍선에 달아 놓고요. 새가슴 땅 팔다 망치로 얻어맞고는 시들시들. 궁상 3단 치기 버드와이저 비우며 해수관세음보살 친구 등쳐 먹고요. 낯가림 심해요 나두요. 비 오는 날 경복궁 가요 나두요. 맹탕의 설움덩이. 우아한 꼴통 둘이 상처에 대하여 심문하고 변호하다, 술 취한 바보로 손잡고 집으로 가요."

대책 없는 여자 48

“열두 달 중 가장 반짝이는 짓을 잘하는 11월의 바람은 억새의 연인이구요. 영혼을 반짝이게 연주하는 시각장애자 전제덕의 재즈 하모니카는 머리카락에 음표로 주렁주렁. 음(音) 따라 박자를 밟다 꿈은 꾸는 게 아니라 만들어가는 거라고 노래하는, 그는 이미 화엄의 밭에 있고요. 손가락 펼치며 선정의 불을 지피는 마법사이고요. 그는 신명나는 색즉시공 장단 맞추며 수행의 길로 흘러가고요. 보름달 시인의 맨발은 자기최면에 걸려든 쪽박 장단이고요. 센 척해도 비생산적인 팔자는 극락의 바람이고요.”

제4부

대책 없는 여자 49

“그다지 즐거울 것도, 할 일도 없는 날들. 시간만 죽이고 있는 그날이 그날인 것을 잔설이 있긴 해도 봄은 봄인가 봐요. 지난겨울은 많이도 추웠는데 잘 지냈나요?

지인으로부터 카카오톡이 왔고요. 이번 겨울은 동파와 전쟁이었고요, 24시간 물 틀어놓고 있다 식사 준비, 밥 먹다, 잠깐. 깜빡 사이 수돗물이 얼어, 기술자 불러 30만 원 꿀떡 3번 큰돈 꿀떡. 왜 사나(?) 개지랄 떨어도 결국은 눈뜨면 출근하고, 퇴근하고 이러다 보니 꽃샘바람이 어깨에 걸쳐 있는 동파 밀어내고요.”

“쌍둥이 손녀들 보느라고 자신의 얼굴도 잊고 산다는 그녀가 부럽고요. 그녀는 가장의 깃발을 흔들지 않아도 되고요.

다시 답이 왔네요.”

“그래도 또 한 번의 봄을 기대하며 차 한잔해요.”

대책 없는 여자 50

"멀미에 시달리는 시(詩) 키미테를 붙이고, 통증에 시달리는 영감(靈感) 트라스트를 붙이고, 할퀌을 당한 가슴 빨간약을 바르고, 세상에게 욕지거리하는 주둥이 빨간 루즈를 바르고, 묵은지 감성 쟁여놓고는 씹지 마, 씹지 마 염장 지르는 소리에 놀라 거울 보니 외계인."

"긴 머리로 칭얼대는 우울증, 첨단 업무 기질로 키우려고 단발머리로 싹둑, 돈 냄새 잘 맡는 코로 성형하고, 인간 승리 티브이에 출연, 영업 여왕 왕관을 쓰고 대지주로 등극."

"드디어 복부인 등장."

대책 없는 여자 51

"가요 간다고요 에베레스트산도 아닌 도봉산, 높으면 시건방진 콧대보다 더 높을라고 아니꼬운 DNA도 죽이고, 뒤틀린 심사 골짜기마다 토하면서 올라간다고요. 떡밥을 자괴감으로 듬뿍 던져주는 인심. 몸속에서 왕창 퍼지고 있는 곰팡이 다락능선에 뿌려 산(山)을 기절시키려고 헐떡이며 올라가요. 효소도 될 수 없는 독약 같은 심사 땀으로 씻어버리고, 인생은 배신이야 가로채기들. 빠름 빠름. 영리한 제스처를 배워 둘 걸 완전 후회. 겁대가리 없는 감성들이대다 으악. 망월사 법당에 버티고 있는 부처님 만수무강 염불하다 108번 구타당하고, 신형 카드 마일리지 충전 받고, 국수 배불리 먹고 내려가서 한 번 또 에헤라디야."

대책 없는 여자 52

“근로자의 날이라고 집에서 쉬어! 하루 일당 이만 원 공쳤고요. 빨래를 삶는지 나를 삶는지 푹푹 삶고, 멸치 볶고, 우엉 졸이다, 카스 기웃거리다 포착, 레이더망에 걸린 하수구의 여과지. 옳지 여과지 가슴에 붙이고, 세상의 스팸을, 인간사끼리 스토킹을 하는 연놈들, 걸러 걸러서 걸망에 담아 한강에 슬쩍 버리고요. 사무실 권위에 기죽어 풀잎처럼 누울 필요도 없고요. 주파수 안 맞는 라디오 같은 목소리로 목을 조이지도 않고요. 눈엣가시들 없는 살맛 나는 휴일.”

“헌데 마음 한 조각 수챗구멍에 빠져 허우적거리고요.”

대책 없는 여자 53

“떠오르는 해에게로부터 다짐을 받기 위해 북적이는 새해 첫날 아침이구요. 식탁인지, 책상인지 어지러운 노트북 옆에서 아주 조그만 별 모양의 꽃이 빵긋 웃고요. 제주도 돌기둥에 피어 있는 걸, 몇 송이 옮겨와 분홍색 화분에 심었지요. 잎 모양이 도톰한 아기 손 같고요. 우리 집 새해 첫날 꽃이 피었다는 건, 작은 소망의 기도빨이 먹힌 거야, 실실 웃다, 금강경 한 판 치고요. 일기장에 우담바라 보았다고 뻥치고요. 별꽃처럼 예쁜 일들을 많이 피우게 해달라고 빌고요. 너무나도 정직한, 간절한 중생의 두 손 모음이고요.”

대책 없는 여자 54

"이상하게 요즈음 아침이 두려워요."

"보름달 시인이 도인이 되어 이 세상 아침을 없애주겠다. 헌데 밤 속에 묻혔다가 다시 아침을 만들어 달라고 떼를 쓰지 않을 자신이 있나?"

"……."

"새아침이 밝았다 새마을 운동하는 것도 아닌데, 그냥 자아!"

— 개소리 하는 58년 개띠들 짖고 있다

대책 없는 여자 55

“자기 연민에 빠져 사는 글쟁이년, 억지로 시켜 하라면 반항하는 년, 팔만 사천 글자 속을 헤집고 사는 년, 난지도 수풀에서 술 마시다 개구리 울음소리에 가위눌리는년, 편집지기 20년이라고 잘난 척 입에 달고 사는 년, 그 당당함에 여자라고 흠씬 맞았네.”

“법당 지킴이 무신 큰 벼슬이라고, 중생 마음 하나 보듬지도 못하는 주제에, 좌선인지 좌불인지 가늠치도 못하니 무슨 큰 산 호령하겠다고, 뒤뜰 봉숭아 웃겠네.”

“우짜노 마음에다 철갑을 두르고 살아야겠네, 열불난다, 또 다른 글쟁이년 광화문 광장에 자리 펴고 이순신 장군과 한 잔 해야 되겠네, 난중일기 유네스코에 등록 축하 파티를, 겸사겸사 혹 알아 술동무 해줬다고 염장 찌르는 산(山) 하나 무찔러줄지…….”

대책 없는 여자 56

"난지도에 내리치는 비도 숨겨진 쓰레기 더미의 속내를 보듬지 못하고요, 과학적으로 꾸며진 그 공원에 감탄사를 부어도 그 속내를 해탈케 못하고요, 욕심 걸망에

묻어온 수입산 개구리, 두꺼비들의 소리도 염불을 뛰어 넘지 못하고요."

"목소리 죽어 염불 찾아 헤매던 찰나, 한숨 접으니 박자가 슬금슬금 게으르게 피돌기 하더니, 미친년 미친 듯이 중얼거리니, 난지도 익숙한 시궁창 냄새 개구리 잘도 따라하고요,"

"개굴개굴 개구리 노래를 한다. 아들손자며느리 다 모여서 밤새도록 하여도 듣는 이 없네…… 보름달 시인 밤새도록 시를 써도 돈 주고 사는 이 없네……."

대책 없는 여자 57

“노래가 얼마나 즐거운지 아느냐, 이렇게 무지막지 뛰면서 놀면 되는 거야, 일어나! 일어나! 박수치면 비타민이 쏟아지고 생명이 춤추는 거야, 가사가 좀 유치하면 어때 고상한 게 웃기냐, 음악성이 별거냐, 이렇게 재미있게 놀면 되는 거야, 따지지 말고 그냥 리듬에 몸을 버려, 재밌지! 신나지! 강남, 강북, 모두 뛰어, 달려, 흥이 살아나지, 내가 누군지 어서 말해 봐, 외화벌이 최고, 수출품 일 위, 못생긴 젠틀맨 싸이야,

강남스타일 대한민국 사나이야, 흐 흐 병역의무 두 번 한 가수야!”

대책 없는 여자 58

“비올라는 눈물이고요, 쇼스타코비치의 재즈 왈츠는 겨울비이고요, 중간중간 지루해 라면 먹고요, 혼자 사는 것들의 먹거리 일등공신이고요, TV에선 색깔 좋은 파스타 맛있는 배우 입술로, 가끔은 스테이크도 썰어보고, 와인에도 취해보는 영화 같은 장면에도 등장하고 싶다고 말하면 사치성일까요? 인생살이 비비 꼬인 줄에 서 있는 줄도 모르는 좁은 골목에서 그냥 편히 놀다, 넓은 길에 들어서면 어지럼증이……

인생은 세상에 아부를 잘해야 한다고 그러네요, 개미는 미련한 놈 평생 일 중독자, 베짱이는 영리한 기회주의자로 돋보이는 나라에 살고 있는 업둥이, 철수하고 싶고요.”

대책 없는 여자 59

"어둠 속 날쌘 놈들 빠른 다리로 쑤시고 다녀도 먹을 게 없지, 간만에 청소를 구석구석 했거든, 인도향을 피워도 양말 고린내 같은 냄새에 락스로 싹싹, 멍멍이들에게 세 사는 나, 늦게 밥 준다고 아무데나 오줌 싸는 시추 나무아미타불 돼지, 쯔쯔 목에 염주는 빼기 싫어하면서… 그래도 우리 집에서 제일 인정 많고 착하지, 지가 사람인 양 눈치껏 사고치는 말티즈 껌딱지 둥이, 애들 때문에 치워도 언제나 잠깐 깨끗함, 요샌 신문도 귀하지 허나 애들의 체온은 집안의 외로운 수다를 잘 녹여주는 10년 지기들, 눈빛 나누기로 하루를 시작하는 재롱으로 웃음이 창문을 넘는다.

어슬렁거리며 놀다 빈집 지키다 화풀이로 요기찍! 사고치는 멍멍이들 나의 집을 독차지하고 있지, 꼬리를 치며……."

대책 없는 여자 60

"커피 굶으면 배고프다고 징징거리는 년이고요, 내 인생에 명장면은 없다라는 브랜드를 가슴에 달고, 유전인자라곤 감성뿐인 당당녀, 하심(下心)군과 연애질이나 하고요, 제발 머리에서 가슴까지 멀어져라 소망을 문지방에 걸어놓고는, 보라색 몸빼 바지 입고 찰랑찰랑, 산골 고개 아카시아 꽃 미친 듯이 휘날리는 아침 녹번만화도서관으로 걸어가요, 팔자 좋은 년 일터이고요, 윤태호작 '미생'을 읽다가 만화독서모임을 구상 중이고요, 퍼질러 앉아 책 읽다 평퍼짐한 엉덩이 운동시키려, 도서관 둘레에 죽어서 널브러진 아카시아 꽃들을 쓸고 있는 공공(空空)근로자이고요."

대책 없는 여자 61

"오래된 고무줄 바지 터진 옆구리 옷핀으로 꿰매고, 검정 고무신 신고, 못난이 보름달 시인 흩어진 마음 엮어 어깨에 들쳐 메고, 쫓아다니다 발가락 멍들고요, 가락 맞추다 손마디 마디 부러지고요, 눈멀고요, 심장이 멈춤에서 깜박이고요, 몸뚱이 성한 곳 없이 꽃잔치에 끌려 다니다, 꽃 배불리 먹다, 꽃바람에 밀려 꽃무덤이 되었고요."

"새 생명으로 태어났고요. 인디언 비구니로요."

대책 없는 여자 62

“캔버스. 붓. 목탄. 세네카. 그리고 나의 벗 뭉크의 사춘기, 에곤 쉴레의 뒤틀림, 한쪽 귀퉁이에 처박힌 이젤 위에서 썩어가고 있지, 경매에도 등장하지 못할 것들, 관계 설정 해놓고는 멀리 아주 멀찌감치 떨어져 있는 통통한 손가락들은 딴짓을, 되새김질하는 참을성으로 몸은 마비가 올 것 같고, 정신 단련의 영양섭취는 수행정진이라지만 빈 발우 엎어치기 하는 것이지, 전면 수용하라는 참회진언은 절정의 합장이 되다가, 격려가 되다가, 눅눅한 우울과 한편이 되고, 나의 세상이 없는 세상은 원래 내가 없다고 여여(如如) 법사님은 하루가 멀다고 귀가 닳도록 설법하지만, 강력 본드에 붙어 있는 나, 최신 버전 보름달 시인 레몬소주 홀짝.”

대책 없는 여자 63

"화두 받아요, 스님 전 미친년으로 살고 싶지 점잖게 살고 싶지 않아요, 잘 나가는 시인도 아닌 것이 20년 동안 달랑 한 권 시집을 시집보내고, 딱한 것, 음(音)이 빠져나간 몸, 박자가 죽었지, 방바닥에 앉았다 일어나려면 흉물스런 포즈에 비명까지, 어쩔거나, 한숨 가락이 문지방을 넘어가던 중, 바람 커피가 서교동 카페에 머무는 마지막 날, 안면 있는 가수가 새 앨범을 들고, 집 가까운 카페로 초대를 했네요, 죽여주는 커피향과 어쿠스틱 음악 — 문구가 처절하게 유혹하네, 라이브 무대, 콘서트 가는 건 너무나도 낯선 동반이지, 죽은 첼리스트 재클린 뒤 프레가 살아 한국에 온다 해도 갈 수 없지, 입장료 이만 원 없다! "

"무릎이 반항을 해서 콘서트에 못 가네요 미안해요."

대책 없는 여자 64

“완전 불량 무릎 침 몇 대로 달래고요, 몸에 관한 솔직한 수행은 가부좌를 트는 게 아니라, 도가니탕 한 대접 먹고 트림하면서 고상하게 산책하는 걸로, 마포걸레로 한바탕 쭉 닦고 난 후 헉헉거리며, 고무장갑 낀 손으로 자판기 커피 한 잔, 적당히 겨울바람이 살랑거리는 이른 아침 주민센터 나무 의자에 앉아서 마시며 실실 웃는 청소아줌마, 찌질대는 무릎에 종이컵을 올려놓고 온기로 달래고요, 누구는 운동 삼아 일한다고 생각해 배부른 년, 드립커피 맛도 모르면서 홀짝이며 입질이고요, 새해에 희망을 말한다는 건, 나 불행해라고 자수하는 것이고요, 세상 저편에서 원시인처럼 기어 다니다 괜찮은 부처로 태어나고 싶고요.”

대책 없는 여자 65

“앉고 싶지, 훼방 놓는 주파수, 주저앉고 싶지, 움직이지 않으면 죽은 거지, 살아 있다고 떠들고 싶어 지금 띄엄띄엄 걷고 있지, 저기 봐 지팡이에 의지해 걷는 사람, 꾸부정 꺾인 채 걷는 사람, 눈 크게 뜨고 봐, 넌 엄살이야, 게으른 거지, 골수 하나하나에 ‘감사합니다’ 라고 심으면서 걸어야지, 신나게 스텝 밟으며 놀 수 없다고 징징거리지 말고, 횡단보도가 놀랠 정도로 걸어, 쉽지 않지, 아무 데나 앉고 싶지, 그래도 걸어, 그냥 걸어 몸에서 가출한 박자가 반드시 찾아오지, 갇혀 있을 땐 매일 걷는 꿈을 꾸었지 지금 활짝 열려 있지, 운동화도 있지, 움직여, 나이 들먹이지 말고 걸어, 음악이 살렸다고 주둥이로 소문냈지 귀에다 음악 넣고 걸어, 비타민D를 돈 주고들 사 먹는데 햇살이 쏟아지는 날 햇살 먹으며 걸어, 서울 몇 바퀴 돌라고 한 적 없지 한나절만이라도 걸어.”

제5부

대책 없는 여자 66

“부제불제불이 장엄적멸궁은~~~ 현재 최고 잘 나가는 힙합 가수 도끼의 랩을 들으면서 그 리듬에 맞추어도 흥이 안 나고, 원효 스님의 발심수행장이 곤욕을 치르고 하던 대로 독송이나 하지 무슨 불길한 심정이 울컥하였나, 우울한 심장 더위 먹었나, 법문(法問) 앞에서 뭉그적거리는 불심(佛心), 염치없이 누리다 권태로워진 정진, 하품만 싸질러 하다 찔끔 흘린 눈물 한 방울, 이러다 옆길로 빠질라 튕기던 손가락 합장하려니 쥐가 나고, 나를 함부로 다루는 탐진치 시나리오가 문제, 옳거니! 대안 스님 모셔다 바가지 두드리며 저잣거리로 나가 한바탕 놀아 봐야지.”

대책 없는 여자 67

“가운데 길로 걸어 다닌다고 중도를 아는 척하고요, 용수보살 이름만 들먹거리면서 중론을 아는 척하고요, 나를 들여다보며 점검하라니 거울만 보는 척하고요, 매일매일 계율을 지키며 삼귀의하라 했더니 긴장감 떨어진다고 멋대로 살고요,

부처님도 빈 발우로 돌아오실 때도 있었거늘, 수많은 제자들이 모두가 모범생은 아니었거늘, 그래도 늘 살려지고 있음에 감사드리며 수행하셨기에 오늘날 지구의 스승이 되었거늘, 끼 많은 몸뚱아리 두 팔 벌리고 맨발로 일심의 장단에 맞춰 합장의 춤을 추고 있거늘 나 · 무 · 아 · 미 · 타 · 불. 여섯 글자를 노래하면서.”

南无阿彌陀佛

대책 없는 여자 68

“지가 알면 얼마나 안다고, 까칠한 성품 달고 다니면서, 한문을 그림 그리듯 멋을 내며 쓰고는 잘난 척을, 한문이 눈에 붙었다 입에 붙었다, 우주를 한 바퀴 돌다 나타난 외계인 목소리로 한 판 치니 발심수행장은 절벽에서 떨어지는 폭포에 앉아서 득도를 했는지 지구를 들뜨게 했지, 원효 스님 친척인가, 불심(佛心), 인심(人心), 천심(天心)으로 버무려 심장에서 부처가 깨어났지, 보름달 시인은 한글 공부만 잘하면 되지 슬슬 시간만 때우다, 염치없는 감성이 우등생이 되어 발심수행장을 입에 달고 천 번 독송을, 외우는 게 아니라 안 보고 읽는다는 새로운 깨우침에 반한 거지, 불교는 허무의 종교야, 공(空)은 비우는 거야 설익은 것들이 주절대는 말들을 한 방에 죽이며, 공(空)은 꽉 찬 에너지의 바퀴지, 삶은 이 바퀴를 굴리는 거지, 신선한 바람이 뇌를 지나 가슴을 지나 발바닥에 흥이 붙어 랩 장단으로 발심수행장을 흥얼거리고 있지, 신나지, 살맛 나지.”

대책 없는 여자 69

“목포 사나이가 보낸 무화과에선 바다 냄새가 난다, 비릿한 냄새로 진통을 하더니 산골 마을 출렁이는 바닷물로 채우고 항구로 만들었지, 보름달 시인은 뱃멀미를 하자 무화과 반쪽을 잘랐다, 수만 개 꽃이 옹알이를, 입 안 가득 넣어 버렸지, 늘 잎으로만 살다 꽃이 되고 싶은 게야 향이 없으면 어때, 신명나는 글로 아픔까지 폭죽으로 만드는 언어 마술사로 소문났지, ‘보름달이 뜨면 배고픈 여자’ 시집을 블로그로 만들어 인터넷에 대형 보름달을 걸어 놓고는 머쓱해하며 웃음 짓던 목포 사나이, 그도 시인(詩人)이 되었지, 내년엔 산골 마을이 무화과 지천이겠지.”

대책 없는 여자 70

"우리 밥 먹으러 가요, 책 사러 가요, 이 옷 어울리겠어요, 밥 주고 문화도 주고 건강도 주고 뭐든지 나누어 주려고 사는 그 여자, 베란다 소금 두 자루, 아니 웬 소금을 이만큼, 염전 지나다 필요한 사람 주려고요, 미친 짓이다, 누군가에게 주려고 돈을 버는 그 남자, 누군가에게 주려고 음식을 만드는 그 여자, 나눔 베풂 보시 자비 종교적인 단어들로도 모자라는 그 남자 그 여자, 먹물 옷을 입은 그 어느 수행자보다도 삶 속에서 부처의 행(行)을 일심으로 살고 있는 부부, 오른손 하는 일을 왼손으로 하는 일도 모르게 하는 밥 퍼주는 부부."

"더 죽여주는 건 그 여자의 화엄미소."

대책 없는 여자 71

“우박을 안주 삼아 소나기를 마시며, 머리통 번개에 날리고, 별 한 개 이마에 부치고, 초승달 귀에 걸고, 구름 한 점 손가락에 걸고, 산(山)을 올라갔다 내려갔다 하는 놈이 누구냐?”

“놈이 아니라 년입니다.”

대책 없는 여자 72

"누구 밭에 누구 씨냐 네년은?"

"부처의 발등에서 튀어나와 발바닥에 씨가 붙어, 이 골목 저 골목 누비며, 대문을 들락거리다, 참을 '인(忍)' 자 세 개만 있으면 도인(道人)이 된다는 유혹에, 원수 맺고 사는 것들 가슴에 보듬고, 날쌘 칼날 보드라운 감성으로 만들어 놓고, 심술궂은 세월을 이 산(山) 저 산(山) 뿌리다, 소나무야 소나무야 노래 부르며, 주둥이만 가지고 다니는 걸인(乞人)이고요."

"콩 심은 데 콩 나고, 팥 심은 데 팥 난다고, 네년은 부처가 되었느냐?"

"이년 저년 싸우는 중이고요."

대책 없는 여자 73

"부처님 귀 닮았다고요."
"관세음보살 입 닮았다고요."
"지장보살 이마 닮았다고요."
"보현보살 발 닮았다고요."
"문수보살 머리통 닮았다고요."

"이런 장식 속에서 날이면 날마다 매 맞고 사는 고년입니다."

대책 없는 여자 74

“하늘 보고 소리치고요. 땅에다 패대기치고요. 찢어지지 않는 몸뚱이. 그래도 등신 살맛 나는 노랫가락 드러내놓고 쿵쿵쿵 산을 넘어 다니며 춤을 추고요.”

“엇박자요.”

대책 없는 여자 75

“귀뚜라미 소리 듣다, 미완성 교향곡 듣다 뒤척임하는 사이, 먼지만큼 쌓인 독촉장 곧 가위가 등장하는 걸로, 염치없는 머그잔에 커피 찌꺼기가 곰팡이로 만발, F학점 내 인생 스케줄에 왔다리 갔다리 발품 팔다 딱 걸린 행신역 부처님, 귀 열고 눈 맞추고 마음꺼정 활활 타오르다, 도솔천에 빠지고요, 반창고 같은 과거는 참 생명을 잉태시키고요 그 생명 놀이터 복집을 짓고요, 어쩌다 핑곗거리 찾는 믿음은 수순하게 달래고요, 문사수(聞思修) 마당에서 두 팔 벌리고 소리치고요.”

“난 불행(佛行)이다! ”

대책 없는 여자 76

"부처님 IQ는 공(空)이고요
원효 스님 IQ도 공(空)이고요
아무나 보살은 빵이고요
극락 가는 표를 받기 위해 업장소멸되는 링거를 맞고요
일주문 금강역사와 사랑을 나누고요 뼈가 슬프다는 말은 밟아버리고요
팔만사천경을 노래하면서 천수천안 손으로 박수를 치고요
젓가락 장단으로 흥을 살리며 발품으로 전법을 살리고요
아무나 보살이 깔아 놓은 꽃길 위로 전법향이 만발하고요."

대책 없는 여자 77

“몸뚱이 반항을 하고 있나 봐요
기타를 치듯이 통증이 음률을 내고 있어요
환절기 시련을 확실히 체험하고 있나 봐요
귀에서 나는 소리는 악보도 없는 자연의 소리인가 즐기려 해도 어지럽네요
머리통은 왜 화가 났는지 톡톡 쏠 때마다 하늘과 땅이 바뀌어요
굳센 의지의 코는 막혀 숨쉬기도 힘들고요
고구마 체형이 되버린 몸뚱이 굴려도 굴러가지 않아요
아무래도 부처님 제자 이도거사를 만나야겠어요
한남동 작은 침대에 누워 링거를 맞으니 몸뚱이도 눈치가 빠른지
묘약을 알아차림 하고요
조금 생기가 돌면 법담이 오고 가는 병실 법당이 될 거예요.”

대책 없는 여자 78

"돌고 있지 지구가 돌 듯이 돌고 있지 돌아 또 돌아 어지럽지
헌데 지가 돌고 있는지 모르지, 토하고 싶지 배불러도 마구 먹었지
배터지면 소화제 한 움큼 털어 넣고 또 먹지, 두 팔 벌리고 모으고 있지
박스로 채우고 갯벌도 메꾸고 곤충도 죽이며 땅덩어리 넓히고 있지
주머니 주렁주렁 달고 무겁지 앉아 있어도 어지럽지
윤회 덩어리!
돈이 돌아야 하는데 너!
사람이 돌기 때문에 아수라지."

대책 없는 여자 79

"여기도 술 저기도 술

술병이 다리가 되어 사람의 시간으로 즐기고 있네요 성냥갑 속에 갇혀서 불도 지필 수 없는 처지, 인생의 진리란 이런 거야 세상의 힐링이란… 교양 떨고 있는 틈에서 갇혀 있기를 거부하는 것들이 몸 밖으로 뛰쳐나와서, 살과 뼈를 안주 삼아 마시고요, 끝까지 간다고 소리도 지르고요, 마이크 잡고 노래 부르며 내가 최고라고 껑충껑충 뛰다가 후춧가루와 빨간 양념에 뒤집어 쓴 고기 조각들이 튀어나와 살아 움직이며, 발목을 잡고, 이 죽일 놈아! 또 죽임을 당하고 있지, 가슴이 서늘하네……."

대책 없는 여자 80

"햇빛 좋은 날 걷고 있어요.

아파트를 끼고 걸을까 하다 남의 집 마당을 질러가는 것 같아 그냥 도로변 따라 걸어요. 은행나무가 노랗게 변한 잎들도 드문드문 보이네요. 바퀴 한쪽 없이 나동그라진 여행가방, 사랑하다 버려진 애인처럼 있네요. 낯선 곳을 가득 채우고 얼마나 다녔을까 버리고 다시 사고, 옛 정을 품고 고쳐 쓰는 수선집은 많이 없어진 것 같아요. 형제끼리 물려 입은 아이 새 옷 입어 보는 게 소원처럼 그런 시절도 옛이야기. 직사각형의 구두 수선집, 하루 종일 앉아서 굽고 갈아주고 밑창도 바꿔주고 새 구두처럼 광을 내주는 아저씨도 계셨는데……

재래시장 도로변에 여러 명의 노인.

야채를 다듬어 놓고 허리는 굽어도 시간을 건강한 용도로 쓰는 그분들 앞에 앉아 야채를 사면서, 이야기를 풀어 놓으면 다큐 한 편 찍어요. 절대로 자식 흉안 보고요. 그냥 심심해서 하신다고요. 가끔 문사수 법회에서 가져온 떡을 함께 먹으며 놀기도 하지요.

둘레길을 걷는 것도 좋지만 이렇게 도로변을 먼지와 함께 걸어도 정겹네요.

삶이 살아가는 모습의 현장은 용기를 주지요."

대책 없는 여자 81

"너 어디 살고 있냐?

엄마가 딸에게 묻는 내용이지, 요양 병원에 계신 전화 속에서 들리는 숨 가쁜 천식, 잇몸으로 다그치듯 묻고 있지, 친구처럼 지내온 엄마가, 나… 여기 3개월 있다가 집에 갈 거예요, 한 방 노인네들에게 당당하게 말했던 그 집엘 못가고 5년째, 이불 뒤집어 쓰고 염주 돌리며 어서 죽게 해달라고… 노인성 우울증이 통증으로 나타난다는 걸 가르쳐 준 엄마. 그 엄마를 2년 동안 못 찾아갔지, 눈 감고 귀 막고 싶지 치매 환자도 아니고 다리가 부러진 것도 아닌데 마음이 더 깊게 병들어 버린 노인. 함께 살 수 있는 조건과 기준이 뭐냐고 물으면 가족끼리 왜 이래 아닌가. 도저히 엄마를 마주할 자신이 없어 시선을 돌려버린 못돼먹은 딸, 거울을 보면 엄마의 얼굴이 보이지."

"어머니라는 나뭇가지에 앉아 있던 새끼들 날이 밝자 각자 날아가버렸지."

대책 없는 여자 82

"가을비 내리는 소리,

소리를 머그잔에 가득 채워 커피인 양 마시는 볼썽사나운 좀비 같은 낭만이지,

땀에 목덜미 동여맨 수건에서 쩔은 냄새가 신경 쓰이는 노인성 갱년기 증세

자가진단으로 처방해 놓고, 가장 화려한 마후라로 가을 여인처럼 목을 꾸미고

거울을 보면서 너 없이는 못 살아 애정의 눈빛으로 지랄 떨지, 주접을 떨지.

인간이 살아 있는 파도와 같은 힙합 속에 온몸을 맡기며 살고 있는 매력 만점

윤미래를 흉내 내고 있지,

헌데 스마트폰에서 마음에 빗길로 그어지는 삶의 애환이 담긴 목소리 김현식의

노래 가리워진 길 흘러나오네…

눈물."

생명의 약동, 감사의 향연

— 시집 『대책 없는 여자』 평설

여여(如如) 법사
(문사수불교문화원 이사장)

옷깃만 스쳐도 인연이라는 말은 결코 진부하지 않다. 오히려 그 인연으로 말미암아 미지(未知)의 세계를 접하게 된다면, 이는 단순한 해프닝으로 끝나지 않는다.

이는 곧 생명의 무한성이 머리끝부터 발끝까지, 풀한 포기로부터 푸른 하늘에 이르기까지 두루한다는 믿음에 근거한다.

보다 구체적으로 말하자면, 문사수(聞思修) 즉 듣고 생각하여 스스로의 삶을 수정하는 지혜(智慧)로 살아가는 것이다. 듣는다고 하니, 귀로 듣는 것만이 아니다. 눈을 비롯한 몸의 온갖 감각기관은 물론이고, 저 깊은 내면의 옹달샘에서 솟아오르는 마음의 흐름까지를 온전히 받아들이는 것이다.

따라서 어떤 사람이 시인이라고 할 때, 그 사람이 하루 종일 시(詩)를 짓고 있는 것은 아니다. 정형화된 시인으로서의 행위가 따로 있어서 그 틀을 유지하고 있는 것이 아니라, 삶의 모든 표현들이 시로 녹아들어 있음을 뜻한다.

이러한 원인과 그 원인을 숙성시키는 여러 가지의 조건들 그리고 발생하게 되는 결과는 우리들의 삶에 공통적으로 다가오는 현실이다. 이런 현실이 드러나며 세상에 말을 걸어서 글로 새기니, 마침내 시가 출현한다.

그러면 이러한 지혜에 대한 믿음을 어떻게 시어(詩語)로 장엄할 것인가? 참으로 쉽지 않을 것이다. 자칫하면 관념의 늪에 빠지기 쉽기에 말이다.

하지만 안숙경 시인은 너무나 당연한 듯이 그것을 노래한다. 보다 정확하게 말하자면, 스스로를 작품에 투입함으로써 자신의 화신(化身)을 창출한다. 마치 흰색이 혼자만으로 자기주장을 하는 것이 아니라, 다른 색과 어울리는 것과 사뭇 흡사하다.

> "솔직히 시인(詩人)이라고 고상하게 말하고 싶지만, 가난에 약 올라 버짐이 얼굴을 덮고 있어 돈을 쟁반만큼만 빚어야 할 것 같고요. 달님께 손바닥이 해지도록 빌면서 욕심을 내고 싶지만 진짜 속마음은 당신 닮은 빛으로 동네를 밝히는 시어(詩語)를 달라 싶고요."
>
> —「대책 없는 여자 14」 일부

이런 순백(純白)의 마음 터에서 비롯된 『대책 없는 여자』가 지금 눈앞에 전개되고 있는 것이다.

참으로 귀한 노작(勞作)을 대한다는 기쁨을 함께 누리는 즐거움은 이미 주체와 객체로 나뉘지 않는다. 선후(先後)의 다툼을 따질 겨를도 없이 순식간에 하나의 삶으로 녹아들어 간다. 실로 인연의 창조력은 세상을 만든다.

그럼 인연이란 무엇일까? 알 듯하다가도 도무지 확실치가 않다. 얼핏 생각하면 숙명적인 현상인 것 같다가도, 그 이어짐의 끈질김을 대할지면 구원(久遠)을 향한 힘찬 출발로 다가온다. 천변만화하는 구름의 모습이 그러할까? 토끼구름, 양떼구름 같이 갖가지 인연들마다 이름을 달리 한다. 부모와 자식 간의 인연, 부부 간의 인연, 사제 간의 인연 등 이루 헤아릴 수 없을 만치 많은 인연들로 인간세상은 꽉 차 있다. 온통 인연 아닌 것이 없는 세상살이다. 그렇다면 인연이야말로 세상의 내용이라고 말해도 지나치지 않다. 그래서

> 나이듦은 몸만 아픈 게 아니라 마음도 덩달아 아픈 게 헤픈 것 같고요. 한숨과 회한이 버물려 밤새 가슴에 바위 하나 박아놓고,
>
> —「대책 없는 여자 16」 일부

살아간다. 그럼에도 불구하고 우리는 원인과 결과를 굳이 나누는 버릇에 길들여져 있다. 하지만 원인 없는 결과가 어떻게 있을 수 있으며, 결과를 수반하지 않는 원인이 어디 있겠는가? 이런 점을 물어본다면 모두가 입을 다물어버리고 만다. 왜 그러할까? 결과란, 원인의 완성에 불과하다는 사실을 너무나 잘 알고 있기 때문이

다. 더불어 원인이란, 결과의 구체적인 드러남이라는 것도….

사람이 산다고 하는 것과 산다는 것의 의미를 이해하려는 시도도 마찬가지 아닐까? 지극히 미묘한 삶의 양태들을 선악(善惡) · 미추(美醜) 등의 이분법으로 간단히 단정할 수 없다는 것은 누구보다도 우리 스스로가 잘 알고 있다. 자질구레한 일처리로부터 은밀한 생각의 흐름까지 어느 것 하나 호락호락한 게 하나도 없다.

얼핏 대단한 무게를 가질 법한 우리네 삶이 어느 한 순간 호사가의 입에 오르내리면 여지없이 구겨진 휴지꼴이 되는 경우가 있다. 그런가 하면 시시콜콜한 얘기를 계기로 해서 새로운 친구를 사귀거나 인생관이 뒤바뀌기도 한다.

마치 진열대에 무표정하게 서 있는 마네킹이 걸치고 있는 옷을 감상하는 정도라고나 할까?

그런데 안숙경 시인은 살아가는 정황의 속내를 이렇게 뒤집어 보인다.

"그는 늘 자기 안에서 도전하는 언어를 습관처럼 즐겨 문자화시키고, 중얼거리며 들릴 듯 말 듯 트림하는 시련의 문장들, 누추한 동네 공원 벤치에 걸터앉아 이미 없어진 시간 속에서 또 다른 시간을 응시하며, 반응 없는 나와 꿈틀거리듯 대화하고, 느릿함에 대한 존재 가치를 철학적인 용어를 빌리지 않고도, 세상의 인심을 무시하듯 자기만의 작위를 부여하고, 그 작위 속에서 우울한 쾌거를 누리다, 어슬렁거리다 산책길에서 뱉어낸 가래침 속에는 비타협적인 상상이 붙어 있고, 자기만의 놀이에 싫증이 없는 사색가인지, 현실의 수다를 삭제해버린 그의 일인칭 소설은 언제나 대박!"

—「대책 없는 여자 22」 일부

이는 곧 펄떡이는 생명감각과 팽팽한 삶의 현장감이 표리(表裏)의 관계에 있음을 시사한다.

그럴듯하게 꾸며서 조작한다면, 바람직한 삶을 구성할 수 있을까? 생명감각에 걸맞는 적절한 때와 사회적인 성숙이 따르지 않는다면 다 허망한 짓에 지나지 않는다. 아무리 사소한 몸짓이라도 참여자의 마음에서 말미암지 않는 것은 발생하지 않기 때문이다.

따라서 시절인연(時節因緣)이 도래한다는 진정한 의미를 곱씹지 않을 수가 없다. 할 일 없는 사람이 멍청하게 앉아 기다린다고 해서 바람직한 결과가 벌어지는 것은 아니다. 어떤 결과가 있다면 그에 상응한 원인이 있으리라는 것은 너무나 당연하다.

또한 원인을 결과로 이끄는 여러 가지의 조건을 무시한 현실이란 있을 수도 없다. 특정의 조건만이 아니다. 하나의 그물코가 또 다른 그물코와 서로 의지하고 있듯이, 알든 모르든 간에 온갖 잡다한 사건과 사람이 함께 얽히기 마련이다. 그렇다면 어떻게 삶을 응시할 것인가?

"살아 있는 인간 하나하나가 정진이고요. 싸우고 지지고 볶고 그러다 깨우치고요.

잠자듯 입 다물면 참선이고요. 세포에 붙어 있는 귀신

떼어 버리는 것이 무소유이고요. 오늘 한 세포 죽였고요. 수행 시작이고요."

—「대책 없는 여자 5」 일부

이와 같이 '대책 없는 여자'로 살지만, 그렇다고 해서 특정의 원인만을 고정된 실체로 인정하기도 곤란하다. 원인은 그 발생에 따르는 조건들에 의해 얼마든지 변할 수 있는 가능성을 항상 가지고 있다. 보는 관점에 따라서 심지어는 구체적인 현상을 꽃피워 보지도 못하고 사라지는 원인도 있는 것이다. 따라서 스스로 그러하게 자연(自然)으로 살 뿐이다.

"몸살은 몸속에서 허무가 놀면서 만든 악보이고요."

—「대책 없는 여자 39」 일부

"스무 살에는 들에서 춤추고요. 서른 살에는 마당에서 춤추고요. 마흔 살에는 마루에서 춤을 추고요. 쉰 살에는 쉰내 나는 방에서 춤추고요."

—「대책 없는 여자 15」 일부

무(無)로 태었났으나 온갖 유(有)로 가득 찬 게 삶의 실상이다. 더하거나 빼거나 할 것 없이 언제나 채워지기만 했던 날들이다. 지난 세월만이 아니다. 지금 숨을 쉬고 이 순간에도 충만으로 끊이지 않는 역연한 삶이다. 부족을 따질 새도 없다. 주어지는 삶을 누리기도 바

쁘다. 그러니 부족함을 떠올리며 불행을 탓하는 삶은 본래부터 자신의 것이 아니다.

> "소망이 뭐 특별한가요. 하루 한 끼 먹고도 배고픈 줄 모르고요. 원고지 몇 자 채우고 감동 먹고 낄낄거리다 숟가락 붙잡고 젓가락 두드리며 동백아가씨 한 곡조 때리면 그만이고요."
>
> —「대책 없는 여자 1」 일부

그러니 감사를 빼놓고는 삶을 논할 자격마저 없다. 내 것이 아니었는데, 내 것으로 만들어 준 세상의 은혜(恩惠)를 어찌 지나치겠는가?

오늘도 밥을 먹는다. 그리고 사지를 휘저으며 오늘을 산다. 하지만 단순히 육체적인 움직임이기만 하다면 오늘의 삶은 한낱 기계와 다르지 않으리라. 나날이 마모되어가는 물질과 같은 육체가 나의 참된 성품이라면, 나의 삶은 이미 예견된 죽음으로만 자리한다. 나의 참된 생명 가치는 그렇게 하잘것없는가?

그렇지만 누구나에게 해당하는 것이지만, 삶이라는 게 그리 호락호락한 것은 아니다. 나를 중심으로 세계를 구성한다는 것은 애초부터 불가능한 일임에도 불구하고, 끝없이 그 시도를 멈추지 않는다. 이 어리석음을 어찌할거나!

어찌하느냐고 해도 항상 싸움과 불인의 연속이니, 차라리 아무것도 하지 않는 편이 더 낫지 않겠는가? 하는 허무감에 휩싸이는 것은 너무나도 당연하다. 그런데 나락에 떨어지던 마음은 어느새 우주적인 생명력을 복원한다. 내가 살고 있음을 되돌아본다. 언제나 베풂의 세계에 살고 있음에도, 스스로의 눈과 귀를 막고는 받은 바 없었다고 얼마나 주장해 왔던가? 그렇지만 지금도 살려주고 계신 모든 생명들은 함께하고 있을 따름이다.

그렇다. 걷고 또 걸어서 맞으러 나아간다. 살려주시는 생명들에게 먼저 예배하는 것이다.

> "앉고 싶지, 훼방 놓는 주파수, 주저앉고 싶지, 움직이지 않으면 죽은 거지, 살아 있다고 떠들고 싶어 지금 띄엄띄엄 걷고 있지, 저기 봐 지팡이에 의지해 걷는 사람, 꾸부정 꺾인 채 걷는 사람, 눈 크게 뜨고 봐, 넌 엄살이야, 게으른 거지, 골수 하나하나에 '감사합니다' 라고 심으면서 걸어야지, 신나게 스텝 밟으며 놀 수 없다고 징징거리지 말고, 횡단보도가 놀랠 정도로 걸어, 쉽지 않지, 아무 데나 앉고 싶지, 그래도 걸어, 그냥 걸어 몸에서 가출한 박자가 반드시 찾아오지, 갇혀 있을 땐 매일 걷는 꿈을 꾸었지 지금 활짝 열려 있지, 운동화도 있지, 움직여, 나이 들먹이지 말고 걸어, 음악이 살렸다고 주둥이로 소문냈지 귀에다 음악 넣고 걸어, 비타민D를 돈 주고들 사먹는데 햇살이 쏟아지는 날 햇살 먹으며 걸어, 서울 몇 바퀴 돌라고 한 적 없지 한나절만이라도 걸어."

—「대책 없는 여자 65」 전문

자신을 위해서 무엇인가 기여하는 상대에게 정성을 표하는 것이 예배라고 한다면, 이는 내 계산의 범위를 벗어나지 않는다. 예배는 무아(無我)다. 가고 또 가니

일체가 나의 생명이 된다. 결국 나의 참된 생명 가치는 끊임없이 향상(向上)한다. 따라서 삶은 이미 나의 것이 아니다. 살려주는 모든 생명들로부터 비롯되고 있으니 말이다.

이로부터 시작되는 삶이야말로 살아 있는 자가 지향하는 바 권리이고 의무이다. 이는 곧 '왜?' 그리고 '무엇?' 을 향해서 그렇게 몰두하여야 하는지에 대한 명확한 답이 될 것이다.

부족함이 실제의 상태가 아닌 것은 과거나 지금이나 다르지가 않다. 1억 원을 갖고 있는 사람은 가난한가? 아니면 부자인가? 호락호락한 질문이 아니다. 왜냐하면 비교하려는 마음이 일어날 때만 가능한 답이기 때문이다. 1원이라도 많거나 적음에 따라서 가난과 부의 갈림이 벌어지기 마련이다.

그런데도 어떤 고정된 상태와 자신의 삶을 비교하려고 한다면, 그 결말은 언제나 불행으로 마감된다. 내 것이 아닌데도 불구하고 끝내 받아들여야 한다면, 자신이 선택한 삶이기에 다른 누구를 탓해야 할 아무런 이유도 없다.

불면증에 걸린 사람은 이리저리 몸을 뒤척이며, "왜 잠이 오지 않을까?"를 고민한다. 그런데 이 사람이 겉으로는 빨리 잠자기를 바란다고 쉽게 단정할 수 있겠지만, 실제 속마음으로는 잠을 자지 못하는 자신을 끊임없이 다짐한다. 그러니 잠자기를 반복하면 할수록 점점 말똥말똥해 지기 마련이다.

따라서 부족감에서 말미암는 것을 어찌 삶의 실상이라고 하겠는가?

"새해는 작년이나 그 전년이나 내년이나 변함없는 일편단심의 그년이 될 것이고요. 대접받지 못하는 감성은 점점 게을러져 진흙으로 빠져, 영원히 세상을 탁발하지 못할 것 같고요. 비어 있는 발우 엎어 놓고 북 판이나 벌여야 할 것 같고요."

—「대책 없는 여자 9」 일부

"저는 보살이고 싶고요, 황량한 존재의 아픔을 법(法)으로 나부끼는 바람이고 싶고요, 시인의 오해로 반죽하고 있는 세상의 이야기를 개그로 버무려 웃겨 주고 싶고요, 손바닥으로 하늘을 가리는 욕심을 버리고 싶고요, 이것저것 삿대질하며 싸움질하는 판을 어깨동무로 가고 싶고요, 혼자 북 치고 장구 치는 게 아니라 함께 놀이마당 펼치고 싶고요."

—「대책 없는 여자 41」 일부

정말 '대책 없는 여자'다. 언제 어느 곳에서나 주어지는 무한한 공급이 우리의 참된 현실이다. 그리고 이에 대한 감사만이 있을 뿐이다. 지금 얼마나 받고 있는지 아닌지를 따지는 것은 전혀 의미가 없다. 주어진 대로 누리고 살면 그만이다. 받을 만한 그릇을 갖고 있는 사람에게 채워지는 것은 새삼스럽지 않기에 말이다.

이제 다만 알고, 아는 대로 살아간다. 먼저 감사하는 마음이 있을 때, 그에 상응하는 감사의 사람을 만나고 감사의 사건이 벌어진다는 것을 믿기에….

"… 부처님도 빈 발우로 돌아오실 때도 있었거늘, 수많은 제자들이 모두가 모범생은 아니었거늘, 그래도 늘 살려지고 있음에 감사드리며 수행하셨기에 오늘날 지구의 스승이 되었거늘, 끼 많은 몸뚱아리 두 팔 벌리고 맨발로 일심의 장단에 맞춰 합장의 춤을 추고 있거늘 나 · 무 · 아 · 미 · 타 · 불. 여섯 글자를 노래하면서."

— 「대책 없는 여자 67」 일부

문학세계대표작가선 795

대책 없는 여자

안숙경 시집

인쇄 1판 1쇄 2016년 11월 15일
발행 1판 1쇄 2016년 11월 22일

지 은 이 : 안숙경
펴 낸 이 : 김천우
펴 낸 곳 : 도서출판 천우
등 록 : 1992. 2. 15. 제1-1307호
주 소 : 서울시 성동구 무학봉28길 6 금용빌딩 2F
전 화 : 02)2298-7661
팩 스 : 02)2298-7665
http://www.moonhaknet.com
E-mail : chunwo@hanmail.net

값 10,000원

ISBN 978-89-7954-653-8

이 도서의 국립중앙도서관 출판예정도서목록(CIP)은 서지정보유통지원시스템 홈페이지(http://seoji.nl.go.kr)와 국가자료공동목록시스템(http://www.nl.go.kr/kolisnet)에서 이용하실 수 있습니다. (CIP제어번호: CIP2016027498)